新型コロナウイルス感染症対応チャート① **緊急の対応**――園内で陽性者が発生したらすぐに行うこと

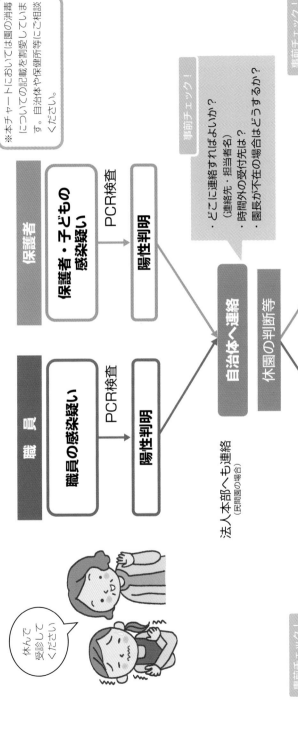

※本チャートにおいては園の消毒についての記載を割愛しています。自治体や保健所等にご相談ください。

職員

職員の感染疑い

↓ PCR検査

陽性判明

休んで受診してください

保護者

保護者・子どもの感染疑い

↓ PCR検査

陽性判明

→ **自治体へ連絡**

法人本部へも連絡
（民間園の場合）

休園の判断等

事前チェック！
・どこに連絡すればよいか？
　（連絡先・担当者名）
・時間外の受付先は？
・園長が不在の場合はどうするか？

職員全員へ連絡 ←

全家庭へ連絡 ←

必要に応じて分担して連絡

事前チェック！
・どのような手段で一斉連絡するか？（一斉メール？）
・一斉メール等に登録していない職員はいないか？
・連絡がつかない場合はどうするか？（電話？ 携帯メール？）

事前チェック！
・どのような手段で一斉連絡するか？（一斉メール？）
・一斉メール等に登録していない家庭はないか？
・連絡がつかない場合はどう するか？（電話？ 携帯メール？）

連絡先・連絡方法一覧

自治体への連絡

連絡担当者	
連絡担当者（予備）	
自治体担当部署	
担当者名	
連絡先	
時間外受付窓口	
園長・連絡担当者不在の場合の対応方法	

職員への連絡

連絡担当者	
連絡担当者（予備）	
一斉連絡の方法	
登録していない職員への連絡方法	
連絡がつかない場合の連絡方法	
園長・連絡担当者不在の場合の対応方法	

家庭への連絡

連絡担当者	
連絡担当者（予備）	
一斉連絡の方法	
登録していない家庭への連絡方法	
連絡がつかない場合の連絡方法	
園長・連絡担当者不在の場合の対応方法	

休園後すぐ行う対応

職員

職員

自治体の方針に応じて
PCR検査

職員全体

情報共有の方法
の準備

急な休園は、職員にとって
も不安なもの。
必要な情報を共有したり、
不安や不満を訴えられる方
法の準備をする。

自分たち職員
はこれから
どうなるので
しょうか?

陽性の職員

連絡する人・方法
の準備

陽性が判明すると罪悪感を
感じる場合も。
心のケアと、休暇の扱いな
ど必要情報の提供をする。

みんなに迷
惑かけてし
まった……

子ども・保護者

自治体の方針に応じて
PCR検査

事前チェック!

・PCR検査の範囲や休園期
間、事案の公表方法など
の方針を自治体に確認し
ておく
・感染疑いの家族は PCR
検査を受けられるか?

濃厚接触の子どもの家庭

日々の健康観察

自治体・保健所の指示にも
とづいて、濃厚接触の子ど
もの家庭の健康観察を実施
する。

問い合わせ
受付時間は
○時~○時です

その他の家庭

休園初日の
予想外の事態への対応

休園ということが伝わって
いない家庭もある。

問い合わせ窓口の設定

問い合わせの受付先だけで
なく、受付時間を伝える。
園で統一した回答ができる
ようにする。

新型コロナウイルス感染症対応チャート④ 休園中・開園に向けての対応

自治体

必要に応じて 事案の公表についての 要請

自治体の事案の公表の仕方が不十分だと、園の保護者への情報発信が十分にできないこともある。必要に応じて公表の仕方について要請をする。

必要に応じて 診察拒否などの件の 相談

保護者から診察拒否などの相談を受けた場合は、自治体に相談し、そのようなことがないよう周知を求める。

職　員

在宅期間中の 職員の心のケア

在宅期間が長くなると、落ち込んだり、モチベーションが下がることもあるため、話を聴いて心のケアをする。

在宅期間中の 継続的なやりとり

在宅期間中でも職員間のやりとりを継続し、信頼関係を保つようにする。

子ども・保護者

ICT ツールやおたより による情報発信

休園中も家庭とつながりを保つ。

保護者の心のケア

在宅期間中は、子どもに向き合う時間が長くなり、保護者の不安や負担が大きくなる場合もある。気持ちを聴きとることも重要。

子どもについ強く怒ってしまうんです……

感染した子どもや その家族の心のケア

感染した子どもやきょうだいが、年齢によっては置かれた状況を自分なりに理解してて不安になることがある。不安が軽くなるような援助をする。

新型コロナ
ウイルスの

自園で感染者が出たとき

事例に学ぶ

保育園・幼稚園・こども園で
すぐにすること・
日頃から備えておくこと

新保庄三・野澤祥子 編著
Shinbo Shouzou　*Nozawa Sachiko*

ひとなる書房

2

もくじ

第二部　毎日の保育をどう進めるか　37

はじめに

　保育現場では、新型コロナウイルス感染による休園が相次いでいます。各園は、一般的な感染症に対応するマニュアルはもっていても、新型コロナウイルスに関してはばらつきがあるのも現実です。園名公表の是非、検査対象、休園や再開の基準等に関する自治体の対応にもばらつきがあるようです。

　各園は、日常の保育においても、念入りな感染予防策が求められています。緊張の日々が続く中、これから先もずっと予防だけを優先した保育でいいのかという声もあがっています。食事のとき、一切しゃべってはいけないのでしょうか。もちろん「うつらない、うつさない」にこしたことはありません。しかし、小さな子どもたちが生活する保育園・幼稚園・こども園では、「感染予防につとめるが、完全に防ぐことはできない」と覚悟し、「感染者が出たらどうするか」「そのための準備をどうするか」をきちんと考え周知していくこと、そして保育の継続に欠かせない人的・物的条件の拡充につなげていくことが、今もっとも重要なことではないでしょうか。

　日本保育者支援協会では、東京大学大学院教育学研究科附属発達保育実践政策学センター（Cedep）の野澤祥子さんとともに、現場で実際に対応にあたっている保育者のみなさんにお話をうかがいました。そうした現在進行形の貴重な経験や工夫、課題を整理したのが本書です。第一部では、今後自園の職員のだれかが新型コロナウイルス感染症陽性となりうることを想定して、事前に準備しておきたいことや、実際に発生したらどう行動したらよいかを、時系列に沿ってまとめました。第二部では、日常の保育に焦点をあてて、具体的な感染予防策の工夫や課題、園全体で対応していくための職場づくりに必要な視点や各園で取り組めるワークの事例を紹介しました。

　本書は「こたえ」ではありません。子どもたちも職員も守り、安心して保育を継続していけるよう、自治体とともに準備をととのえ、自園に合った対応方法を見つけ出す手がかりとして活用していただけると幸いです。

　　　　　　　　　　　　　　　　　　　　　　　　　　　　新保庄三

第一部

自園の職員が
新型コロナウイルスに
感染したら

1　職員陽性判明の一報から休園・保育再開までのドキュメント
──ある民間保育園園長の体験から

> 2020年夏、自園の職員が新型コロナウイルス感染症陽性となった各地の保育園に対して聞き取りを行いました。本ドキュメントは、こうした複数の園が経験した事例の経過や対応を組み合わせ、ある民間保育園において対応にあたった一人の園長の語りとして再構成しています。事例にかかわる関係者・園・職員の人権とプライバシーを守るため、事実関係の一部を割愛・変更しています。また、本ドキュメントは、いずれも感染症に関する情報や事前の準備が限られていた春ごろの事例をもとにまとめています。その後、自治体・担当部署の対応、感染状況は刻々と変わってきており、保育現場での対応は時期や地域によって変わってきています。（日本保育者支援協会）

　2020年春、私が園長を務める保育園の職員が新型コロナウイルスに感染したことが判明しました。感染判明から緊急事態宣言が解除されるまでの体験をお話しします。

発生　職員Aの感染

　1日目──日中、元気で仕事をしていた職員Aより「帰宅後、なんとなくだるさを感じ熱が出てきている。今日の勤務中、子どものオムツ替えのときににおいを感じなかった」と電話が入る。明日は休んで医療機関を受診するよう指示。

　2日目──Aはまず、帰国者・接触者相談センターに電話するが「その

程度なら大丈夫ではないか」と言われる。在住地の保健所に検査ができる病院をいくつか紹介され連絡するが診察拒否、または検査拒否される。赤十字コールセンターに相談すると「病院に断られるのは検査を受ける必要がないからだ」と言われる。

　園としてそのまま受け入れるわけにはいかないので、「においを感じないこと、保育園で小さい子とかかわっていることを伝えて再度診察予約をとるように」と再び指示。

　一度断られた病院に再度かけあい、ようやく翌日の受診予約がとれる。「料理のにおいや洗剤のにおいも感じなかった」と言うので「家族との接触を避け、手洗いをしっかりするように」と指導。

　3日目──病院で受診。アデノウイルス、マイコプラズマ、インフルエンザは陰性。レントゲンで肺に異常は認められなかったが、念のためPCR検査を実施。

　4日目──20時ごろ、本人から「陽性反応が出ました。保健所から連絡があり、明日入院することが決まりました」と連絡が入る。

自治体への連絡

　Aから陽性の連絡を受けたとき、園に残っていたのは私だけでした。すぐに自治体に電話し、夜間窓口に「緊急連絡があるので担当者から連絡をいただきたい」と伝えました。

　法人本部にも報告し、コロナ対応にあたっては市町村の指示を仰ぎ、それに従うことを確認しました。

　約15分後、自治体の担当者から連絡が来たので、感染者が出たことを報告。保健所には自治体から連絡するとのことでした。

　自治体の招集で、部長、課長、保育園担当者、保健所が集まり、今後の対応について協議がはじめられました。最初の指示は、明日から二週間休

自治体の危機管理メールについて

・自治体が管理しているメール配信システム。不審者情報等の配信に使用されることが多い
・事前にスマートフォン等にアプリを入れておくことでメールを受け取れる
・登録者のうち、送信先を選定できる（保護者向け、職員向けなどカテゴリー分けができる）
・メール配信後、既読されたかどうかわかる
・園の保護者のうち、登録していない人がだれかわかる

園すること、それを「休園依頼情報」として全世帯に通知することでした。が、その実行までにはずいぶん時間がかかりました。

　ようやく通知内容が確定したのが23時ごろ。それから自治体の危機管理メールシステムを使い、園のパソコンから各家庭に発信しました。危機管理メールに登録できていない約10世帯には個別に電話をかけ、電話が通じなかった3世帯には園の携帯電話からショートメールを送りました。

　一方、職員への連絡は主任が行いました。

　その後、翌朝10時から園内で職員全員のPCR検査を行うという連絡を受け、職員に再度連絡したのは日付が変わるころでした。

PCR検査と健康観察

　休園1日目──翌朝は早めに出勤しました。7時に事務所に着くと、すでに保護者から最初のFAXが届いていました。問い合わせの電話も何本もかかってきて、保護者の動揺を感じました。

　子どもを連れて通園してきた家庭が数組ありました。いずれも前日に保護者と連絡がとれていた家庭です。

　休園の連絡が夜中になったことで、家族間で共有ができていないとか、

休園初日の対応

・出勤できる職員を決めておく

・早めに出勤し、混乱に備える

・電話に応対する職員を配置する

・登園時間中は職員が門で待機する（まちがって登園する親子や直接たずねてくる保護者への対応）

・職員が対応できない場合は「こちらに電話してください」と貼り紙をするような工夫が必要

各家庭で仕事先との調整が遅れる等混乱もあったことでしょう。朝の時間帯だけ、Aと接触していなかった職員に門の前に立ってもらうことにしました。

　保健所によると、濃厚接触者にあたるのは職員全員とAが担当していたクラスの子どもたち全員とのことでした。長期間登園していなかった数名は除きます。職員はPCR検査を受けたあと、二週間の自宅待機。私はAの担当クラスの子どもたちの健康観察を二週間行うことになりました。1日2回、朝晩電話で、子どもとその同居の家族の健康状態もあわせて聞き取り記録をとります。私は健康観察と保護者からの問い合わせに対応するため、園の携帯を自宅に持ち帰りました。

　休園2日目──夜、職員全員の陰性が判明。職員にも伝えました。

　休園4日目──Aの担当クラスの子どもたちのPCR検査を実施しました。園では濃厚接触者である子どもたちのPCR検査を要請していましたが、子どもに検査は必要ないというのが当時の自治体の方針でした。保護者の中には発生直後は検査に抵抗があった方もいましたが、すぐに「検査を受けたい」という声が大きくなっていきましたし、全家庭と全職員の安心安全のために子どもの検査は必須だと再三要請し、ようやく実現しました。他に、Aの担当クラスの子のきょうだいで体調が悪い子どもも園医の

判断で検査を受けました。

　しかし1世帯だけPCR検査を拒否されました。園としては、全員が受けることで園全体の安心安全が得られると考えていましたが、保健所が検査を強制していない中では、むずかしい問題だと思いました。

　一方、保護者は検査を受けていません。濃厚接触者の家族（保護者や同居の祖父母）は濃厚接触者にあたらないからです。保護者は子どもの引き渡しのとき、Aと接点がありましたが、どこかで線引きが必要なのだと保健所の方がおっしゃっていました。線引きの外の家族は、診察を受け医師が判断しないかぎりPCR検査は受けられないわけです。

　検査を受けた子どものうち陽性反応が出たのはBちゃん1人でした。Bちゃんに体調不良はなく無症状感染でした。

保護者対応

　保護者からの問い合わせは、時間に関係なくFAXや電話で相次いでいました。保護者が知りたいのはわが子が陽性の職員に接触していたかどうか。その確認を職場から求められているという声が多かったです。もちろんAの個人名は公表しませんでしたが、だれが濃厚接触者なのか、だれがPCR検査を受けたのか、その結果はどうなのか、二週間後に必ず開園するのか、開園後は本当に安全なのか……などさまざま。職場に出したいので休園の根拠になる書面がほしい、というものもありました。いずれもAの担当クラス以外の保護者からでした。

　じつは、この時点ではまだ自治体はPCR検査の実施状況や結果について公表しておらず、園から説明できることがとても少なかったということも不安を大きくした要因のひとつだと感じています。何度も電話をかけてきた親たちだって不安で心配だったのです。職場からのプレッシャーもあったと思います。

　問い合わせ時間帯の設定など、いくつかルールをつくってていねいに伝えていくと、ほとんどの方はルールを守ってくださるようになって落ち着いていきました。

　また、とにかく話を聴いてほしいという保護者が数名いて、その方々には夜間などじっくり話せる時間帯に対応するようにしました。話し終えてホッとすると「じゃあ先生、また」と電話を切る。情報発信も大切ですが、気持ちを聴くことがとても大事だと思います。問題を解決するとか質問に応えるというのではなく、短い時間でもただ思いを聴く、受け入れるという姿勢でいると、話しながら自分で解決していかれるのです。相手が必要としているときに対応しないとあとでこじれる要因になったりします。

　Aの担当クラスの保護者はみなさん協力的でした。毎日の連絡の中で、「きっとあの先生だろうな」とわかっていながら、「うちの子は大丈夫ですよ」「先生たちは大丈夫ですか。気をつけてください」と気遣ってくださいました。「こうやって仕事を休んで子どもとゆっくり家にいられるのもいい機会よ」など前向きに対応してくださって、本当にありがたかったです。毎日お話しすることで信頼関係ができていったと感じています。

保護者からの問い合わせに関して

・保護者も不安なのだと理解する
・保護者に出していい情報はどこまでか、対応を担当する職員間で共有しておく
・問い合わせ時間帯を決めるなどルールをつくって協力を求める
・話を聴いてほしいという保護者にも必要に応じて対応する
・不安材料は残さないほうがよい
・信頼関係はコミュニケーションをとるところから。信頼関係ができた家庭は協力的

何をどのタイミングで公表するか

　情報発信の方法と発信内容の精査は、一連の対応の最初から最後まで、ずっとかかわってくる大きな課題のひとつだと思います。

　自治体の危機管理メールは便利ですが、エラーでうまく届かないとか、最近はメールを日常的に利用していない人も多いため、届いていても見ていない場合もあります。ＦＡＸやショートメールなども使ってできるだけ保護者が情報を得やすい状況をつくることが大事ですが、どれも万全ではありません。

　また、保護者に対しても地域に対してもあまりに情報を出さずにいると、かえって憶測やうわさが広まってしまうこともあって、公表したほうが保護者や地域の方の不安がおさまり、風評被害的なものから子どもや家庭を守れるのでは……と感じていますが、むずかしい判断です。

　自治体は、当園のコロナ発生について休園のお知らせとともに保育士１名の陽性をＨＰ上で公表しましたが、そのあとのことはなかなか公表しませんでした。園としても自治体が公表していないことは保護者にも言えませんので、検査の実施状況や結果について公表してほしいと何度も訴えました。

　職員全員と担当クラスの園児のＰＣＲ検査をしたこと、その結果園児１名の感染が判明したことを公表したのは、最初の公表から７日もあとのことでした。情報が得られたことで保護者のみなさんも落ち着いていったと思います。

　また、当園の園児とわかると診察拒否をされたという電話が何件かありました。すぐに自治体に、医療機関への指導を訴えました。他の病気や持病があるお子さんもいるので、診察拒否はあってはならないことです。他の自治体でも診察拒否の事例がいくつもあるので、行政指導の徹底が必要

だと思います。

園内対応の役割分担

　保護者対応は園長が行い、職員対応は主任が行うよう役割を分けました。
　職員はパートさんを含めて人数が多く全員に連絡するのは大変です。Ｐ
ＣＲ検査の待ち時間に「自宅待機期間、ＬＩＮＥで情報共有をしたいので
協力していただけませんか」と声をかけ、ほぼ職員全体のＬＩＮＥグルー
プをつくりました。ＬＩＮＥができない人には個別でメールを送ることに
し、自宅待機中に体調の変化や心配ごとがあったらなんでも連絡してほし
いと伝えました。
　はじめは園からの連絡がほとんどでしたが、数日するとさまざまな声が
あがってきました。自治体のＨＰで公開された内容を見て、自分たち職員
のほうがあとから知ったことへの不満、園が自分たちを大事にしてくれて
ないのではないかという不安、職員Ａの病状など、さまざまな面で気持ち
の行き違いがあったことがわかりました。
　地域やネットの情報拡散についての報告もありました。「ネットでうち
の保育園を検索するとコロナって出ますよ」「○○議員がこんなふうに
言っています」「○○にまちがった記事が載っています」などなど……。
　地域の方や知り合いから詮索されたり心ない言葉をかけられたりし、最
初は軽い感じでしたが、しだいに受け流せなくなっていく様子もわかりま
した。自分の子どもが嫌な思いをしているという相談もありました。
　また、家庭内で家族と距離をとったほうがいいのか、家族は仕事に行っ
ていいのか、という相談も多かったです。
　「ＰＣＲ検査で陰性は確認できたが濃厚接触者である自分」の身のふり
方にとまどっていたと思います。保健所の指導を基本にしていましたが、
「〜したほうがよい」「〜はさけたほうがよい」など、さまざまな情報も流

> ### 職員対応
>
> ・管理職の中で役割分担し、職員対応を行う担当者を決めた
> ・休園中の全員への連絡が大変なので、ＬＩＮＥグループをつくった
> ・不安な気持ちなどをはき出せる場が必要

れていたので、不安になるのもわかります。家族に基礎疾患を持つ人がいる場合は、かかりつけ医に相談するよう伝えました。

　保健所の指導では家族の出勤や登校は可能ですが、「本当にいいのか？」という心配も当然です。園で決められることではないので「勤め先と相談してください」と対応しました。

職員Ａへの対応

　Aの対応は主任が担当しました。Aの症状は比較的軽く、入院中は本を読んだりして過ごしていたそうです。病院の方々がとてもやさしかったと感謝していました。

　当面の本人への連絡は主任に一本化しました。Aも当初は「自分が持ち込んでしまった」「迷惑をかけた」とひどく落ち込んでいたことと、複数の相手に応対しなくて済むようにするためです。職員も最初はどんな言葉をかけていいかわからないという状態でしたが、回復の兆しが見えてきたころ、みんなで寄せ書きをしてＬＩＮＥで送りました。「早くよくなってね」「みんな仲間だよ。待っているよ」とみんなが応援していることを伝えました。いつだれが感染してもおかしくない職場です。感染した人を責めるのではなく、応援していく雰囲気ができたことが何よりうれしいことでした。休みは有給をあてないでよいこと、給与・賞与は通常通り支給することも伝えました。

　家族の支えもあり、Aは徐々に元気を取り戻し体も順調に回復していきました。その後PCR検査で二回の陰性をクリアして退院しました。

「臨時休園」期間の勤務体制

　緊急事態宣言が出されていたため、二週間の休園解除後はしばらく「臨時休園」とすることが決まりました。医療従事者等の家庭など一部保育を行いながら開園準備をする期間です。保育を希望する場合はショートメールかFAXでの申請式にさせていただきました。

　そうして子どもが5、6人というスロースタートができたことはありがたかったです。週ごとに少しずつ希望者が増え、緊急事態宣言が解除されるまで、15、16人という保育状況が続きました。

　勤務体制としては、一度に出勤する人数を限定するため、職員のグループ分けを行いました。第一グループは自転車で通える人や近隣に住む人で、持病や基礎疾患などがない人。Aと同じクラスを受け持っていた職員は、感染の不安を感じていたので全員待機。もちろん新人も待機組です。そうして副主任や保育リーダーなどベテランを中心としたグループができました。みなさん上手に対応してくれて、保護者も落ち着いていましたし、子どもも楽しそうでした。園庭では開放感にあふれて遊ぶ子どもたちの姿にホッとしましたし、子どもたちも満足して帰っていきました。

　次の週は、少しメンバーを入れ替えて新人を入れた第二グループを組み、子どもの人数にあわせて職員も増やしていきました。シフトを組むにあたっては、自宅待機日や休みを多めに組み込んで心身の負担を軽減できるよう気を配りました。

　保育現場では、食事は子どもと一緒にとらないこと、こまめな手洗いや消毒、おもちゃや備品の配置や管理など、最初のグループが試行錯誤しながらノウハウを培ってくれて、それを次のグループに伝えてブラッシュ

アップする……という形で、職員の間にスムーズに広げていくことができました。みんな一生懸命にやってくれました。

　人数が少なかったことで、新しい環境づくりの試行がしやすかったうえに、子どもの個性もよく見えるし、それぞれにていねいに接することができたので、子どもたちと信頼関係を積んでいくことができました。保護者からも、自粛要請の中で保育をしてくれることに感謝している、保育園のありがたさを感じるという声が届き、職員のやる気にもつながりました。がんばっていてよかったと思えました。

保育再開にあたっての勤務体制

・再開時はベテランを中心に新たな保育の方法を確立する
・子どもの人数に応じた保育者のグループをつくって保育にあたる
・休みを多く組み込んたシフトを組む
・緊急事態宣言中は近くに住む職員を中心に勤務

自粛期間中の保育

〈第一グループ〉保育で工夫した点等
・乳児クラスと幼児クラスの保育を別にし、濃厚接触者を限定した
・通常とは違う子ども・保護者の不安感を軽減するため、決まった職員がかかわるように配慮する
・登園時に検温、幼児クラスではマスクの着用をする
・職員は子どもと食事はしないが、ていねいに見守りをする
・子どもの食事人数は少人数にし、時間差で行うように変更

〈第二グループ〉工夫した点等
・子どもの状況の伝達をする
・保護者の勤務状況の把握
・保育人数が増えても、決まった職員がかかわるように配慮する

Ｂちゃんとその家族

　無症状感染が判明したＢちゃんは検査を受けたり外出が制限されたりする生活の中で、多くのことを理解していました。Ｂちゃんの名前も公表はしていませんが、お母さんは保育園に復帰後、本人が苦しい思いをするのではないかと心配されていました。

　園としてもフォローしたいと考え、Ｂちゃんが登園した初日に担任と子どもたちで話をしました。「新型コロナウイルスというのはどんな病気？だれがかかってもおかしくないのだけど、どうやって気をつけたらいいのかな」と。子どもたちもよく知っていて、「あまりくっつかない」とか「食べるときにおしゃべりしない」といった声が出ました。Ｂちゃんも自分からこういうことは気をつけたらいいと発信し、みんなでそれを共有することができたのです。

　こうした取り組みによってＢちゃんと保護者の不安感が払拭されていきました。コロナのことにふれないでおくよりも子どもたちが自ら発信してそれを共有することで、感染したのがだれかという視点ではなく、みんなで気をつけていくという意識が根づいたことがとてもよかったと思います。

職員間のコミュニケーションの維持

　臨時休園期間に入り、保育現場はうまくまわり出しましたが、一週間もたたないうちに自宅待機の数人が「保育者を辞めようか」と落ち込んでしまいました。とくに一人暮らしの人は家に話し相手がいないため気分転換もむずかしかったようです。主任を中心に個別に話を聴く機会を重ねていくうちにだんだん元気になっていってくれました。不安がふくらみがちな状況の中、出勤できない職員の気持ちをどうつなげていくか、たくさんい

る職員の様子をどう見守るかは大きな課題だと思います。

　再開のとき、みんなでがんばろうと思える体制づくりのために、園長、主任、副主任といったリーダーグループＬＩＮＥをつくり、課題やアイディアを出し合うことにしました。園長としては、主任さんたちには、再開後の幼児クラス、乳児クラスの柱になってもらうためにも運営面も含めた園全体のことをともに考えてもらいたいと思っていたので、在宅ワークの内容（p20参照）や職員全体への声かけの仕方などについてざっくばらんに話し合うことができたことは本当に心強かったです。

　職員全体のコミュニケーションをどうするか考えましたが、せっかくグループＬＩＮＥをつくったのでそのまま続けることにしました。ＬＩＮＥは「既読」表示が出るので情報提供のときは便利でした。職員から個人情報は守ってほしいという意見が出たので、「このグループは緊急時対応としてつくったけれど、一連のことが終わったら解散します」という"規約"のようなものをつくり、その旨ＬＩＮＥ上でも数回発信しました。

　近況報告やふつうのおしゃべりの他、自宅待機中の職員を中心に「こんな遊具をつくりました」といった発信をしてくれるようになりました。写真を載せると、みんなが「それはいいね」とか「自分もつくってみよう」とこたえが来る。認められるとうれしいですよね。

　また、「再開に向けてこういう資料が参考になるよ」と発信する人がいると、その資料を添付してくれる人がいて、勤務している職員も「○日ごろまでに読みますね」と返事する……といったやりとりができていきました。とくに若い保育者にとってコミュニケーションが継続していたことは本当によかったと思います。

　ＬＩＮＥのグループは他に園長を中心とした正規職員グループがあり、勤務についてなどの情報発信を中心に使用しました。クラス単位のものもつくられました。緊急にとりあえずはじめてみたグループＬＩＮＥでしたが、普通に勤務していたときよりも会話がはずんだ感じで、よいコミュニ

ケーションツールになりました。その結果、再開初日から会話がとてもスムーズでした。こういった中で仲間意識が醸成され、Aに対しても応援する雰囲気ができたことは何よりの財産です。

　今回はＰＣＲ検査で全員が登園したときにグループをつくることができましたが、集まる間もない休園の場合は整備できなかったかもしれず、その場合、コミュニケーションの維持はむずかしかったと思います。

個々の職員の気持ちをどう支えるか

・職員が孤独にならないように、やりたいこと・学びたいことを聞いていったうえでクラスチーフや副主任が中心になり、連絡を取り合った。とくに一人暮らしの職員へは声をかけるようにした

・職員は、本を読んだあとにつくったポップカードや手づくりおもちゃなどをＬＩＮＥにアップし、互いに感想を伝え合い、情報を共有したことで、孤独感を和らげることにつながった

・園だよりに職員紹介と自粛期間中の職員が読んだ本や手づくりおもちゃの紹介を写真であげ、登園したら楽しいことが待ってるというメッセージを保護者に伝えた

・保護者からの反響を職員にもＬＩＮＥで伝えることによって、励みになり、通常保育への期待となった

・職員が一人にならないように適度に声かけを行った

・わらべうたが得意な先輩職員が動画をＬＩＮＥにのせ、新人職員が一曲でも覚えることができるように対応した

・新人職員が先輩職員とともに自粛期間中に出勤することにより、少人数の子どもとかかわり、無理なく名前が覚えられ、その後の保育がスムーズにできるようにした

在宅ワーク

　法人からは、在宅ワークについてルールが出されました。主に、本を読むこと、遊具をつくること、健康面を考えて運動することでした。勤務している人も在宅の人も同じルールです。

　本を読んだら、その本を紹介する「ポップカード」を作成します。園が再開したときに掲示することにしました。つくった遊具は互いに見せ合って、出勤している職員が実際に子どもたちと使ってみます。その様子を報告するとみんなもうれしい。子どもの喜ぶ姿が何より励みになります。

　せっかくだから首を長くして登園できる日を待っている子どもたちや保護者にも報告しようと、手づくり遊具の写真を入れたおたよりを作成して郵送しました。職員の自己紹介も入れるなど編集作業は大変でしたが、「園の様子や先生たちの思いがわかってよかった」ととても喜ばれました。

　緊急事態宣言の解除が発表され全面開園が決まると、みんなの気持ちがますます前向きにひきしまりました。

自粛期間中の在宅ワーク

・通常の開園時間の7時15分〜18時の間の8時間を在宅ワーク時間帯とし、自身で決定する
・在宅ワーク開始、終了時間には、園長か主任にライン等で連絡を入れる。その際、本日の在宅ワークの内容を伝える

情報発信の内容と方法

　情報発信には「何か起こったときの早い発信」と「関係づくりのための

発信」があると思います。緊急の場合の即座にしなければいけない発信
と、ある程度落ち着いてきたときの発信では、内容も発信の手法も変わっ
てきます。それらを状況にあわせてタイムリーに発信することが保護者と
の信頼関係でも職員との信頼関係でも重要なのだということが、今回一番
勉強になりました。見通しがもてる場合とそうでないときがあるし、職員
に対してと保護者に対しては違いますし、いつも手探りなのですが、なる
べく不安にさせないために、どこまで情報を共有すべきか、今も試行錯誤
が続いています。発信しすぎたかなと思ったこともありましたが、信頼関
係を築くには、情報の共有はないよりはあったほうがいいと感じることの
ほうが多かったです。

自治体との関係

　先にも述べたように、園は、情報を公開してほしいと何度も訴えてきま
したが、自治体はなかなか公表してくれませんでした。その背景には一人
の保護者の「絶対に公表しないでほしい」という強い要望があったようで
す。法人本部からも「ある程度は公表しないと注意喚起にならないので
は」と手紙を出してもらいました。さまざまな面で現場の声がどうにも伝
わらない現状がありました。
　自治体によっては保育園に出向いて先生たちのサポートや保護者対応を
してくれることもあるようですが、すべて現場任せにする自治体も多く、
それでは現場は大変です。
　職員Aと園児Bは別の自治体在住で、陽性になったあとの対応が自治体
によって違うことがよくわかりました。Aの居住自治体では、たくさんの
子どもたちや保護者と接触する私たちのような仕事をしている人には、二
回陰性が出るまでPCR検査を受けさせてくれます。ところがBの自治体
のルールは、陽性判明後、二週間で自動的に解除（検査なし）というもの

でした。当園の自治体はそれに準じているため発生後二週間したら検査を
せずに「もうOKです」となってしまいます。

　多くの保育園や学童クラブは緊急事態宣言下でも開所していました。そ
れであればプロ野球やサッカー選手と同じように全員検査を受けたうえ
で、医療も手当ても保障してほしいです。

まとめ──「うつすこともうつることもある」を想定して

　Aの感染が判明してから、日々めまぐるしく起きる出来事に対応し続け
てきました。保護者対応、職員のモチベーションの維持、情報管理、自治
体との協議……と課題はたくさんあります。けれど改めて考えたいのは、
日々の保育のあり方です。感染こわさに過剰に接触を避けるなど、子ども
の成長に影響がありそうな例も見聞きしています。

　感染予防対策は必要です。でも、だからといって保育園で「だっこはし
ません」などという対策はできないし、子どもの成長の妨げになるようで
は本末転倒です。保育園・幼稚園・こども園など、小さな子どもたちの生
活の場においては、「がんばって予防するけれど、うつすこともうつるこ
ともある」と覚悟し、そのうえで「発生したらどうするか」「そのための
準備をどうすればいいのか」「子どもを守るためにどうすればいいのか」
をよく考えていくことが、今もっとも重要なことだと思います。

2　事例をもとに対応のポイントをさぐる
──〈そのとき行う対応〉と〈事前の準備〉

保育園・幼稚園・こども園で新型コロナウイルスの感染が発生したとき、当該園では具体的にどのように対応したらよいのでしょうか。園長・主任・職員にはそれぞれどんな役割があるのでしょうか。「1」のドキュメントを時系列に沿ってふり返りつつ、聞き取りを行った他園の経験も合わせて、対応のポイントを整理してみました。■は〈そのとき行う対応〉、◆は〈事前の準備〉です。（野澤祥子）

1）緊急の対応

① 感染疑いへの対応

■休んで受診するよう促す

　本ケースでは、職員Aさんが発熱し、「子どものオムツ替えのときにおいを感じなかった」という報告をしたことから、園長は新型コロナウイルスの感染を疑い、休んで医療機関を受診するようにと指示しています。Aさんは何度も検査を断られますが、園長は「においを感じないこと、保育園で小さい子とかかわっていることを伝えて再度診察予約をとるように」と伝えました。

◆休んで受診することの重要性を共有しておく

　このように、発熱やにおいを感じないなど、新型コロナウイルス感染の

疑いが生じた場合に、職員が速やかに園に伝え、休んで受診できることがとても重要だと思います。感染していた場合に、その人が出勤している期間が長いほど感染が拡大してしまいます。職員自身が毎日、健康観察を行うとともに、異変を感じたときには速やかに報告し、休んで受診することの重要性を園で改めて共有することが必要だと思います。園は忙しい職場で献身的な職員も多く、普段は「ちょっとした症状なら」とつい無理してしまう場合もあるかもしれません。しかし、現状では「感染拡大を防止することが何よりも大切」という共通理解をもつことが大事だと思います。

② 発生時の緊急対応

■自治体と法人本部に連絡する

　Aさんから新型コロナウイルス陽性の報告を受けたとき、園長は、まず自治体と法人本部に連絡し、指示を仰ぎました。自治体から「次の日から二週間の休園」という通知を受け、全世帯にその内容を連絡しました。

■保護者と職員に連絡する

　陽性の報告を受けたのがすでに20時ごろだったため、自治体からの通知を待って各家庭へ連絡できたのは23時ごろでした。家庭へは、危機管理メールシステムを使って一斉送信しましたが、まだ登録できていない約10世帯には個別の電話連絡を行い、電話が通じなかった3世帯には園の携帯電話からショートメールを送りました。一方、職員には主任を通じて状況を連絡しました。

◆緊急時の連絡方法を確認しておく

　このように、陽性が判明した場合、それが園児、保護者、職員かによって対応が変わります。報告を受けた時間帯によっても動きが変わってくる

と思います。それぞれのケースの対応方法を自治体とも相談しながら検討
しておく必要があります。

　陽性者の判明後、まずは自治体へ連絡をし、方針を確認したあと、その
方針を保護者と職員に連絡する必要があります。保護者や職員への連絡方
法は、陽性者が判明したのが降園前か降園後かによっても変わってくるで
しょう。降園前であれば、その日の保育は継続して行うとともに、降園時
に保護者に説明する必要があります。降園後であれば、メールや電話での
連絡が必要になります。今回のケースでは、園長が園で陽性の連絡を受け
ましたが、園長が不在の場合や園長自身が陽性者となる場合もあるかもし
れません。その場合でも速やかに対応できるよう、だれがどのような手順
で対応するかをマニュアル化しておくとよいと思います。

　なお、本ケースでは、降園後に判明したので、家庭へは一斉メールシス
テムを使っての連絡となりました。降園前に判明したケースでも、その後
に改めて保護者への連絡が必要になる場合もあるでしょう。できるだけ多
くの人に一斉に連絡できる方法を確立しておくとともに、未登録者など個
別連絡が必要な家庭や職員を把握しておくことが重要です。

　保護者への説明では、保護者が納得できるよう真摯に対応することが大
切です。最初の説明時、あるいは休園後すぐの時期に想定される質問や要
望としては、以下のものがあります。異なる職員が異なる回答をすると混
乱や不信を招くので、個人のプライバシーを守りつつ、どこまで情報を共
有するかを検討し、園として統一した回答ができるようにします。

保護者から園に寄せられる質問（想定例）

・子どもは陽性者との交流があったのか？　陽性者が職員だった場合、その
　職員の担当クラスと自分の子どものクラスの子ども同士の交流や、その職
　員と自分の子どもの担当職員との交流はあったのか？
・園ではどんな保育をしていたか？　どんな感染予防対策をしていたか？

> ・ＰＣＲ検査の対象条件とは？
> ・濃厚接触者はだれか？　自分の子どもが濃厚接触者となった場合、いつ連絡をもらえるか？　親やきょうだいは濃厚接触者にあたるか？　学校や仕事に行ってもよいのか？
> ・咳や鼻水が出ているが、受診したほうがよいか？　どこに受診したらよいか？　受診する場合、陽性者が出た園だということを話してよいか？
> ・開園の時期はいつか？　開園後の安全性は？
> ・休園の根拠となる書類（職場への提出用）がほしい。

2）休園後すぐの対応

① 休園初日の対応

■不測の事態が起こることを想定する

　本ケースでは、休園初日は、急な休園で保護者からの問い合わせやいろいろなことが起きるだろうと想定して開園前に出勤しています。家庭内の連携がうまくとれず、登園した家庭が数世帯あったとのことでした。休園については前夜の緊急連絡となったため、連絡を見落としたり、家庭内の連絡がうまくいかない場合があることは無理もありません。園としては予想外のことが起こる可能性を想定して動くことが求められるでしょう。

② 職員への検査実施と検査対象拡大の要請

■子どもと感染疑いの家族のＰＣＲ検査を自治体に要請する

　本ケースでは、ＰＣＲ検査は職員全員に対して行われました。陽性が判

明した職員の担当クラスの子どもについては、当初、ＰＣＲ検査は必要ないとの自治体の判断でした。しかし、園から自治体に要請し、ＰＣＲ検査が実現しました。また、本ケースでは、園児１名の感染が判明しました。

◆ＰＣＲ検査についての自治体の方針を共有しておく

　ＰＣＲ検査をどの範囲で実施するのかについては自治体の判断になると思います。ただし、自治体の判断が園の意向と異なる場合や、園児の家族に感染疑いが生じた場合など、より広い範囲で検査を受けられるように園から要請することが必要になる場合もあるかもしれません。園も自治体も「子どもやその家族、職員の安全を守る対応を最優先に動く」という原則をしっかりと共有しておくことが大切だと思います。

③ 休園中の保護者への対応

■健康観察の電話連絡をする

　休園中は園長を含め職員全員が自宅待機となりました。園長が園の携帯を自宅に持ち帰り、保護者からの問い合わせに対応しました。また、保健所からの指導で、濃厚接触のクラスの子どもの家庭に健康観察のための電話連絡を１日２回行いました。これらの家庭の保護者が協力的であったのは、日頃からの信頼関係があったからだと思います。

■保護者からの問い合わせ対応にルールを設ける

　休園中は園長が保護者からの問い合わせに対応しましたが、時間に関係なくさまざまな問い合わせが来るという状況になってしまいました。

　感染者が出て休園となることで、保護者に対して申しわけないという気持ちが生じ、すべての要望や相談を受け入れなければという思いになってしまうかもしれません。しかし、現状では、どんなに気をつけていても感

染する可能性があり、だれかが個別に責任を負うという問題ではありません。園長など特定の人が限界をこえて引き受ければ、その人自身が疲弊してしまうでしょう。そうなれば、すべての対応が疎かになってしまいます。本ケースでは、時間に関係なく問い合わせがくるということに対して、問い合わせ時間帯の設定などルールをつくって保護者にていねいに伝えると、保護者はルールを守るようになり、状況は落ち着いていきました。このように一定の限度を設けることで、問い合わせ対応をする人がつぶれることなく対応を継続することができると思います。また、一人で対応せずに複数の職員が交代で対応するということも考えられます。その場合は、先ほども述べたように園として回答を統一しておくことが重要です。

■自治体や第三者の相談窓口を設置する

　保護者からの問い合わせ内容は、多岐にわたります。こうした問い合わせをすべて園が受けるのにも限界があります。一般的な質問や相談については、自治体や第三者の相談窓口の設置が今後は求められると思います。

■保護者の気持ちを聴く

　一方で、本ケースでもあったように、解決法を提示してほしいというのではなく、自分の気持ちを信頼できる人に聴いてほしいという保護者もいるでしょう。不安な気持ちを聴いてもらうことが安心につながります。それにより、保護者はかえって園への信頼を深めることができると思います。

④ 休園中の職員への対応

■職員全体の情報共有の場をつくる

　休園中は、職員全員が自宅待機となり、情報共有の場が必要となりました。本ケースでは、休園初日に、全職員がＰＣＲ検査を受けることにな

り、一度、園に集まることができました。その際に、期間限定ということでＬＩＮＥグループをつくり、全員で情報共有ができるようにしました。急な休園に対しては、保護者だけではなく、職員も不安になります。本ケースでも、園は自分たち職員を大事にしてくれるのか、感染したＡさんがどうなったのかなど、職員から多くの不満や不安の声があげられました。

◆職員全体が情報共有できる方法を準備しておく

　もちろん、職員全員にすべての情報を公開すればよいというわけではないでしょう。しかし、休園直後の混乱が大きい時期に、職員が不満や不安の声をあげる場があるということが大事だと思います。そのことで、園への不信を募らせることなく信頼関係を保つことができるのではないかと思います。ここで職員間の信頼関係が崩れてしまうと、開園したときの保育がむずかしくなったり、離職者が出てくる可能性があります。緊急時にさまざまな職種や立場の職員を含むすべての職員同士がつながれる方法を準備しておくことが大事だと思います。

⑤　職員Ａへの対応

■連絡を一本化し職員からの寄せ書きを送る

　Ａさんは、自分が感染して休園になったということで落ち込んでしまいました。先述のように感染についてだれかが個別に責任を負うということではないといっても、「みんなに迷惑をかけてしまった」と本人が罪悪感をもってしまうのは自然なことです。本ケースでは、最初はＡさんへの連絡を一本化し、Ａさんが複数の相手に対応しなくてよいようにしました。回復の兆しが見えたところで、職員からＬＩＮＥで寄せ書きを送りました。こうした励ましは、本人にとって大きな支えとなったことと思います。

■必要な情報を提供する

　一方で、入院は長期の休みとなり、この休みの取扱いについて、休暇や給与の面でも心配が募ることがあると思います。本人の不安や心配を聴きとり、必要な情報を提供することで、回復したときに安心して職場に復帰できるようにすることも大切だと思います。

■ていねいな対応で職員の信頼を保つ

　感染した本人が責められることなく、ていねいに対応してもらえるということは、本人だけではなく、他の職員にとっても職場への信頼につながります。反対に、本人が責められたり、放っておかれたりすれば、園への不信が職員間に広がってしまうでしょう。何かが起きたときの対応は、信頼関係に大きな影響を及ぼすことにも留意が必要でしょう。

3）開園に向けての対応

① 自治体からの事案の公表

■自治体に公表を要請する

　本ケースで自治体は、検査の実施状況や「園児１名の感染」という結果については、なかなか公表に踏み切りませんでした。そのため、園としても保護者に情報発信したり、保護者の質問に明確にこたえたりできないという状況が続きました。その間、園は自治体に公表を要請しました。

◆情報公開のあり方を確認しておく

　どのような情報をどのように公表するかは自治体によって判断が異なる

ようです。個人情報は守らなければなりませんが、情報を出さないことでうわさ話が広がってしまうこともあります。保護者にとっては、職場への説明も必要ですし、情報がないことによって心配や不安も募ってしまうでしょう。また、本ケースのように、園の子どもが診察拒否されるといったことも起こりえます。情報公開のあり方を、園と自治体の双方で確認しておくことが必要だと思います。

　園としての情報公開のあり方については、園長、主任、リーダーなどがチームとなって、どのような形で情報公開するかを判断します。その際に、陽性者のプライバシーを守るということがもっとも重要です。名前を出さなくても、年齢や性別によって絞られてしまうこともあります。個人が特定されるような情報を公開しないということは徹底する必要があります。また、保護者には、個人が特定される情報を公開しないという方針を伝えておくというのも大事かと思います。

② 子どもたちにどう伝えるか

■感染した子どもをフォローしつつ、子どもたちとともに考える

　一方で、本ケースでは、Ｂちゃんへのフォローもていねいにされていました。Ｂちゃんが登園した初日に、担任は、「新型コロナウイルスというのはどんな病気？　だれがかかってもおかしくないのだけど、どうやって気をつけたらいいのかな」とクラスの子どもたちに投げかけました。子ども同士の共有の中で、Ｂちゃんも知っていることを発信したことで、安心できたようでした。

　子どもたちも自分なりに状況を理解しています。隠したり、ふれないようにすることで、かえって子ども自身の中で不安や心配を抱え込んでしまう場合があります。自分の考えや思いを声に出せる機会をつくることで、園を心理的に安全な場にすることが重要だと思います。さらに園でどのよ

うに子どもたちと共有しているのかを保護者にも伝えることで、園と家庭で子どもを見守ることができるでしょう。

> 今日は子どもたちと、新型コロナウイルスについて考え合いました。新型コロナウイルスによる生活の変化については、大人も対応しますが、子どもたちにも一つひとつ伝え、みんなで気をつけ、丈夫な体づくりをしていきたいと思ったからです。ウイルスは目に見えないこと、しっかり手洗いをすること、よく食べてよく寝ること、くっつきすぎないことが大事だと話すと、とてもよく話を聞いていました。友だち同士教え合いながら、気をつけている子どもたちです。ニュース等を見ている子どもたちも多く、子どもたちなりにコロナウイルスについて知っていることを感じました。大人が思っている以上にこわさや不安を感じているかもしれません。ご家庭で何か気になることがありましたら、いつでもお話しください。保育園とご家庭とで共有していきながら、子どもたちが安心して、安全に過ごせるようにしていきたいと思います。（子どもたちと〝ともに考える〟取り組みを伝えるクラスだよりの例）

③ 職員間のコミュニケーションの維持

■在宅勤務の職員の状況や気持ちを聴く

　本ケースでは、臨時休園期間に在宅勤務となっていた職員の数人が「保育を辞めようか」と落ち込んでしまったということがありました。在宅勤務が長く続くことで、他の人と話す機会が著しく減って孤独を感じたり、うつ状態になってしまうことがあると思います。保護者だけではなく、職員の気持ちを聴くことも重要です。

■在宅期間中に継続的にやりとりをする

　休園直後の緊急の情報共有だけではなく、その後も在宅期間中に継続的にやりとりできる場をつくることが重要でしょう。本ケースではＬＩＮＥ

グループを活用して、在宅ワークの内容を写真で共有したり、資料を共有したり、課題やアイディアを出し合ったりしました。

■リーダー層と連携し、職員間のやりとりを活性化する

　こうしたやりとりにおいては、主任や副主任など園のミドルリーダーが活躍していたようです。園長だけで抱えるのではなく、保育の柱となるミドルリーダーと連携しながら、職員同士がつながり合い、学び合う機会を保障することが大事だと思います。それによって、個々の職員が孤独に陥ることを防ぐとともに、職員間の関係性や保育へのモチベーションを保ち、保育をスムーズに再開することにもつながっていました。

④ 休園期間中の取り組みの発信

■休園期間中の取り組みをおたよりで保護者に発信する

　こうした取り組みは、保護者への発信にもつながっています。在宅勤務中につくった遊具の写真や、職員の自己紹介を編集して「おたより」を作成し、家庭に郵送しました。先生方の心のこもったおたよりは、とても喜ばれたとのことでした。休園期間中は、職員同士だけではなく、子どもや保護者も離れ離れになり、それぞれが孤独感や不安感を抱えながら生活をすることになります。そうした状況でも、なんらかの形でつながれる取り組みによって信頼関係を保ち、開園後に向けた準備をすることが大事なのだと思います。

まとめ——職員同士の協力体制が下支えする緊急対応

　園で新型コロナウイルスの感染が発生したときの経験のお話を〈緊急の

対応〉〈休園後すぐの対応〉〈開園に向けての対応〉に整理して、対応のポイントを考えてきました。対応の相手は主に自治体、保護者と子ども、職員です。

　お話の中でも「何か起こったときの早い発信」と「関係づくりのための発信」があると言われていましたが、刻々と変化する状況に応じた対応が求められるということがわかりました。本ケースでは、だれにとってもはじめての経験の中で、さまざまなことが次々と起こり、混乱も大きかったと思いますが、一つひとつの事案に対して細やかに真摯に対応されていたのがとても印象的でした。ＰＣＲ検査や公表の件では、自治体に対してくり返し要請をされていました。子ども、保護者、職員のことをとても大事に考えて、真心のこもった対応をされたことが伝わってきて感銘を受けました。ただし、すべてを園長一人で抱えていたのではありません。リーダー層と連携し、開園に向けては職員同士の協力体制をつくっていったことが、スムーズな園の再開につながったのだと思います。

　本ケースでは、以上のような迅速かつ細やかな対応によって、保護者との関係や職員間の関係に大きな亀裂を生むことはありませんでした。何度もくり返すように、現状において保育の中で感染予防を行いながらも、感染リスクをゼロにすることは不可能です。本ケースの経験から、感染が発生した場合に、何が起こるか、どのように行動したらよいかについて学び、対応の準備を進めていただけたらと思います。

　なお、新型コロナウイルス感染症が発生した場合、経過や対応、課題等について詳細な記録をとっておくことが大切です。自治体から求められる報告書以外にも、気づいた点があれば書き留めておくとよいと思います。関係者からの問い合わせに対応する際に役立つと思いますし、今後、新型コロナウイルス感染症に限らず同様の事例が発生した場合の対応を検討する際に重要な資料となるでしょう。

表 職員の陽性判明時における対応の流れ──ある民間保育園の事例から

■：〈そのときの対応〉 ◆：〈事前の準備〉

自治体に対して	職員に対して	保護者・子どもに対して
緊急の対応		
発生時の緊急対応 ■自治体と法人本部に連絡する	**感染疑いへの対応** ■休んで受診するよう促す ◆休んで受診することの重要性を共有しておく **発生時の緊急対応** ■職員に休園とPCR検査の連絡をする ◆緊急時の連絡方法を確認しておく	**発生時の緊急対応** ■保護者に休園の連絡をする ◆緊急時の連絡方法を確認しておく
休園後すぐの対応		
職員へのPCR検査実施と検査対象拡大の要請 ■職員に引き続き、子どもと感染疑いの家族にもPCR検査を実施するよう要請する ◆PCR検査についての方針を共有しておく	**休園中の職員への対応** ■職員全体の情報共有の場をつくる ◆職員全体が情報共有できる方法を準備しておく **感染した職員への対応** ■連絡の一本化と職員からの寄せ書き ■必要な情報を提供する ■ていねいな対応で職員の信頼を保つ	**休園初日の対応** ■不測の事態が起こることを想定する（休園でも登園してしまう家庭があるなど） **休園中の保護者への対応** ■濃厚接触の子どもの家庭には健康観察の電話連絡をする ■保護者からの問い合わせ対応にルールを設ける ■保護者の気持ちを聴く
開園に向けての対応		
自治体からの事案の公表 ■必要な情報の公表を要請する ◆情報の適切な公表のあり方を確認しておく **感染疑いの家族への対応** ◆感染疑いの家族がPCR検査を受けられる体制整備を要請する	**職員間のコミュニケーション** ■在宅の職員の状況や気持ちを聴く ■在宅期間中に継続的にやりとりをする（在宅ワーク、課題・アイディアの共有） ■リーダー層と連携し、職員間のやりとりを活性化する	**感染した子どもとその家族への対応** ■感染した子どもをフォローする **休園期間中の取り組みの発信** ■休園期間中の取り組みをおたよりで保護者に発信する

コラム　差別を生まないために──正しい知識と安心の保障を

　現在私が理事長を務めている保育園は、2012年に、国立ハンセン病療養所多磨全生園の広い敷地の中につくられたものです。ハンセン病は、1947年に特効薬が開発されて治る病気となったにもかかわらず、日本では、1996年まで隔離政策が続けられました。2001年に国の責任を認め患者・家族への損害賠償を命じた熊本地裁判決が出されますが、今日に至るまで患者さんや元患者さん、そのご家族には過酷な差別体験が続きました。

　最近でも福島原発事故で住む場所を奪われた方々が、転居先の地域や学校で「放射能がうつる」と、言われのない差別やいじめにあいました。

　「無知は差別を生みます」──それが、ハンセン病で私が学んだ結論です。

　新型コロナウイルス感染症は、どんなに気をつけてもだれもが感染者になる可能性があります。かかった人の自己責任に帰するものではないのです。差別を生まないためには「正しい知識と安心の保障」が必要です。世界がそうしているように、広くＰＣＲ検査を行い、感染者の早期発見・早期治療を行い、クラスターの発生を防ぐことです。

　忙しい仕事の中で、科学的な正しい情報の収集、具体的な対応策を考えることは、そんなに容易なことではありません。保育力はチーム力です。まずは職員同士、率直に話し合うことが大切ではないでしょうか。

　そして、できたらこの機会にもう一度、「子どもの権利条約」について職場の仲間と話し合うことを提案します。

　2019年は、児童の権利に関する条約（通称・子どもの権利に関する条約）が国連で採択されて30周年、日本が批准してから25周年という節目の年でした。私は、その節目の年に、条約の提案国ポーランドに行ってきました。ポーランド訪問は9回目です。条約の父と言われているコルチャック先生の足跡を訪ね、国際コルチャック協会の会長さんたちと意見交換をしてきました。そこで受け取ったメッセージは「子どもではない──そこにいるのは人間です」というものでした。コロナ禍の今、この言葉の意味を噛みしめています。

（新保庄三）

第二部

毎日の保育を
どう進めるか

1　保育現場における感染予防策の実際
——対策の工夫と検討課題

　2020年7月、東京都内においてある区の公立保育園の保育者が集まり、各園で行っている新型コロナウイルス感染予防対策を出し合い、課題や工夫について話し合うワークショップが行われました。私（野澤）はコーディネーターとして参加させていただきましたが、現場のみなさんのお話をうかがう中で、多くを学ばせていただくとともに、保育現場で子どもたちを感染から守るために感染予防対策に真剣に取り組まれていることに、とても感銘を受けました。ここでは一日の活動別に、1）登園・降園時、2）環境整備、3）日常の保育、最後に4）職員について、ワークショップであげられた対応策や工夫、課題や疑問を紹介し、大切にしたい視点や検討事項をまとめました。

　今、全国の保育園・幼稚園・こども園の関係者は、十分な条件が整っていない中で、待ったなしの対応や試行錯誤を迫られています。今回のワークショップもそうした試行錯誤の一例です。さまざまな工夫だけでなく、「やってはみたものの……」というような疑問や課題も率直に出されているように、引き続き検討や改善を重ねていく余地があるものであり、必ずしもどの現場でもあてはまる「推奨例」や完成されたマニュアルではありません。何が適切か、何ができるかは、各園の状況や人的・物的条件によっても異なります。読者のみなさまには、刻々と変化する状況の中で、自分たちの園ではどうしていけばいいのかを、職員みんなで検討していく際の手がかりとして活用していただけたらと思います。（野澤祥子）

1）登園・降園時の感染予防策

① 受け渡し場所

■ 感染予防対策

・子どもの受け渡しを玄関でするようにする（園舎内に保護者が入らない）。

・玄関が狭いため、受け渡し場所を園庭側の入り口にする。登降園を園庭側にしたことで、子どもが栽培している草花や飼育している生物を見ることができ、親子の会話がはずむというよい効果もあった。

・乳児の保護者のみ園舎内に入るようにするが、保育室には入らず入り口で受け渡しをする。

・保護者が園舎に入る場合の動線について保護者に図で示す。

玄関での受け渡し
（園舎内に保護者が入らない）

保育室入り口での受け渡し
（保育室内に保護者が入らない）

■ 課題・疑問

・保護者とのコミュニケーションがとりにくい。直接、話をする機会が減る。

・保護者の事務所への立ち寄りや、事務所から保護者への声かけができない。

・保護者同士が登降園時にあいさつやおしゃべりをする機会が減る。

・保護者が子どもの作品を見ることができない。

・登降園を園庭側にしたため、虫さされへの対策が必要。

■ こんな工夫もしています！

・掲示板を登降園場所に移して、登降園時に見られるようにする。

・作品や活動をクラスだよりなどで配信する。

> 　登降園時の子どもの受け渡しにあたっては、保護者が園舎内や保育室に入るのをなんらかの形で制限しているということがあげられました。密な状態になるのを避けるため、受け渡しの場所を移動している場合もありました。乳児については、入り口での受け渡しがむずかしいため、保育室の前での受け渡しということも

右側通行で
お願いします。

送迎時に保護者同士が密集しないよう動線を整理する

言われていました。保護者が園内に入る場合に、階段を上る人と下りる人がかち合わないように、動線を図で示すという工夫もあげられました。

一方、こうした密な状態を避けるための工夫によって、保護者の滞在時間が短くなり、保護者とのコミュニケーションの機会や保護者が子どもの活動や作品について見知る機会が減ってしまうという課題もあげられました。保護者同士のあいさつやおしゃべりも減っている状況があるようです。こうした課題に対して、**掲示板の移動や、作品や活動の配信によって、園の活動や様子を保護者に発信する**ことがあげられていました。保護者との日々のコミュニケーションは言うまでもなく重要なものです。通常とは異なる現在の状況においては、なおさら保護者との信頼関係が重要になると思います。感染予防対策で忙しい中だとは思いますが、保護者に対するこまめな情報発信を行い、信頼関係を保つことで、保護者の不信や行き違いを避けることができると思います。

こまめな情報発信
（掲示板も登降園場所に移動）

作品や活動をクラスだよりなどで
保護者に配信する

② 保護者への依頼事項

■ 感染予防対策

・保護者に手指消毒・マスク着用をお願いする。

・園舎内に入る乳児の保護者は受け入れ室で検温する。

・連絡カード等に子どもの体温や体調だけでなく、保護者の体温も記入して
もらう。体調管理等に保護者は協力的である。

　受け渡し場所の変更以外に、保護者に依頼していることとして
は、手指消毒、マスク着用、検温、体調の記録等がありました。
そうした依頼に対して保護者は協力的であるとの声もあげられて
いました。

　こうした保護者への依頼事項は、**保護者にわかりやすく伝える
ことが重要**だと思います。家庭によっては、父母、祖父母やベ
ビーシッターなど複数の人が送り迎えにかかわることがあると思

消毒やマスク着用のお願いなどは
父母以外で迎えにくる人にも伝える

園舎内に入る乳児の保護者は
受け入れ室で検温する

います。それぞれの人に伝わるようにお願いすることが必要です。しかし、ときには依頼事項が家庭の中で伝わっていなかったり、うっかりマスクや検温などを忘れてしまったりすることもあると思います。そうした際に改めてお願いする場合、保護者によっては「責められた」と感じてしまうかもしれせん。**保育者が「保護者にもなんらかの事情があるのだろう」ということを前提として、やわらかにお願いできるよう園内で伝え方を共有しておくとよいでしょう。とくに、現状ではマスクをしたり、距離をおいてやりとりする必要があるため、こちらの表情や意図が相手に伝わりにくい可能性があります。**いつも以上に口調や伝え方に配慮する必要があるということも、園内で合わせて共有しておくとよいと思います。

月／日	朝の体温	体調	家族の様子	保護者の体温	連絡事項	担任印
		咳・鼻水・咽頭痛・その他( )	熱・咳.その他( )　いる・いない			

●●保育園　園児と家族の健康管理カード　＿＿組　名前＿＿＿＿＿＿　平熱　℃

※熱が37.5℃以上あるときは、登園できません。ご家庭でお過ごしください。
※この書類は感染症対策の重要な書類となります。最終的に保育園で保管をします。

保護者の体温を記入する欄を設けた連絡カード（例）

2）感染を広げないための環境整備

① 清掃・消毒

■ 感染予防対策

・一日に複数回園舎内の清掃・消毒をする。

・乳児の玩具だけではなく、幼児の玩具も消毒をする。

・使用したものと未使用なものを明確化し使用したら消毒をする。

・トイレは使用のたびに便座を消毒する。

■ 課題・疑問

・細かいブロックなどは、一つひとつ消毒するのに手間がかかる。

・おもちゃをすべて活用すると、消毒に手間がかかりすぎて、職員の超過勤務になってしまう。

幼児の玩具も消毒する

トイレは使用するたび便座を消毒する

・消毒することを考えて玩具や素材を選んでしまう。

・粘土は消毒できないため、使わないようにしている。

　清掃・消毒に関して、これまで以上に手間がかかっている現状がみえてきました。細かい玩具なども含めて一つひとつ消毒すると手間がかかり、職員の超過勤務になってしまうため、消毒する手間のことを考えて玩具や教材を選んだり、使える玩具や教材を制限するという声もありました。

　消毒による感染予防は、とても重要なことですが、それによって子どもにとって必要な経験が制限されすぎてしまうことの弊害についても考える必要があると思います。細かい玩具は消毒液につけおきする、遊びを工夫してみるというのも一案でしょう。新聞紙をちぎる遊びや小麦粉粘土（アレルギーを確認したうえで）など一回だけ使うものであれば、消毒の必要はありません。園内でアイディアを出し合ってみるとよいと思います。

細かい玩具は消毒液につけおきする

消毒する必要のない新聞紙をちぎって遊ぶ

② 換気

■ 感染予防対策

・定期的な換気を行う。

・換気を二方向から行う。

・「ゼロ換気」と呼んで10時、11時などのちょうどの時間に換気、消毒するようにしている。

■ 課題・疑問

・冷房をつけた状態の換気は室内温度が高くなる。

　換気も重要です。感染予防対策の意味もありますが、消毒を行うことで、アルコールなどが部屋に充満することもあるので、消毒を行う際には合わせて換気を行うことが必要です。また、換気

ちょうどの時間に換気する「ゼロ換気」

は意識していないと忘れがちになってしまうので、「ゼロ換気」などと意識づける取り組みの工夫はとてもよいと思います。

　なお、園には、換気扇や換気口といった窓以外の空気の出入り口があると思います。その場所や性能を確認し、**空気がうまく通る通り道をつくるように窓開けをすると効率的です。**原則的に、部屋や建物の対角線に空気の出入り口があると効率的に空気が通ります。

　課題として、暑くなる時期には、冷房をつけても換気をしているとあまり冷えないということがあげられました。暑くなりすぎる場合には熱中症の危険も生じるので、少し強めに冷房をかけたり、窓を閉めていったん部屋を冷やす時間をつくるなど、冷房と換気のバランスをとる方法を検討する必要があるでしょう。

空気の通り道をつくるように窓開けをする
（対角線上に出入り口があると効率的）

3）日常の保育の中で感染予防をどう進めるか

① 遊び・活動

■ 感染予防対策

・少人数で活動する。

・コーナー遊びで少人数になるようにする。

・異年齢とのかかわりを大切にしてきたが、異年齢交流は行わない。

・他クラスと玩具の共有をしない。

・天気がよい日は戸外遊びを中心としている。

・園庭で遊ぶ時間が重ならないように年齢ごとに遊ぶ時間を決める。

・園庭・テラスで密集しないように声をかけ合っている。

玩具はクラスごとに使用する

天気のよい日は戸外で遊ぶ

■ 課題・疑問

感染予防対策のむずかしさ

・乳児は口元をさわった手でいろいろなところをさわっている。

・だっこは密にならないのか。乳児はよだれや鼻水が保育者についてしまう。

・少人数で行おうとしても、ブロック等で遊ぶとき、顔をつき合わせてしまう。

活動の制限

・異年齢を大切にしてきたが、異年齢での保育ができないので、これまでに積み重ねてきた異年齢の関係性はどうなるか？

・感染防止の観点から布製品を使用していないので遊びが広がらず、遊びが限定される。

・水遊びを大勢でするのはむずかしい。

・行事の計画がむずかしい。

マスクの影響への心配

・マスクの悪影響はないか（言葉の発達に悪影響はないか。読み聞かせ等は声が

密集しないよう声をかける

聴きづらい。話がどの程度伝わっているのか疑問である。表情を見せられない）。

・マスクをしていると、熱中症の懸念がある。のどを痛めてしまうこともある。

保育体制のむずかしさ

・少人数の保育をすると人手が必要なため、クラス打ち合わせの時間がとりづらかったり保育体制が組みづらかったりする。

■ こんな工夫もしています！

・だっこのときに乳児のよだれが保育者の服についてしまうので、すぐに取り換えられるようにタオルやガーゼを用意しエプロンに取り外し式でつけられるようにする。

・楽しく遊ぶことを基本に保育を進める。

　　遊びや活動における感染予防対策は、コーナー遊びや園庭での遊びを行うようにすること、異年齢の活動や交流をしないようにすることなどがあげられました。このように列記すると、「コーナー保育＝○」「異年齢交流＝×」といった「形」に目が行きがちですが、どのような「形」が適切かは各園の状況によって異なります。むしろ、何のためにそうした対応をとるのかという「ねらい」（ここでは「密を避ける」「接触の範囲を追跡できるようにする」など）に着目し、自園ではどうしていったらよいかを検討する際の参考にしていただけたらと思います。

　　一方で、課題や疑問もたくさんあげられました。遊びや活動について課題や疑問をたくさん抱えているということのあらわれかと思います。観点で分けてみたところ、乳児はさわったりなめたりする、だっこは密なのではないか、少人数にしても子ども同士がくっついてしまうなど、乳幼児ならではの「感染予防対策のむ

ずかしさ」、これまで大切にしてきた異年齢保育ができない、遊びや行事が限定されるなど「活動の制限」、マスクの発達への悪影響や熱中症への懸念など「マスクの影響への心配」、少人数保育をするための「保育体制のむずかしさ」がありました。

　子どもを感染から守ることはもちろん重要なことですが、子ども同士の接触を完全にコントロールすることはできません。また、園は子どもの健やかな発達を保障する場でもあります。基本的には、消毒や換気、手洗いを念入りにするといった面で感染予防対策を行いつつ、**子どもの育ちのために必要な活動や援助をどのように行っていくかを検討する**ことが重要だと思います。ただし、くり返しになりますが、個別の内容、たとえば「水遊びをしてもよいか」といったことについて、**一律のこたえはありません。**園の構造や人員配置などさまざまな条件によって、密のなりやすさや配慮のしやすさに違いがあるからです。各園で、自治体担当者や園医などとも相談しながら、感染予防対策と発達保障とのバランスを検討し、職員間で共有することが求められるでしょう。また、**保護者にも園の方針を説明する**ことで、共通理解をもつことが重要だと思います。

　その際、**どのような状況であっても、園で子どもを預かる以上、避けることができないのは、子どもの安心を支えるかかわり**です。子どもの安心を疎かにすれば、子どものストレスを増加させ、発達を阻害することにもつながってしまうかもしれません。たとえば、必要なだっこを制限することは、子どものストレスを増加させます。かえってだっこの要求が止まらなくなったり、子ども同士のトラブルが増えることにもつながるかもしれません。必要なときはだっこすることで、子どもの心が落ち着き、すんなりと保

育者から離れて遊びに取り組むことができると思います。

　また、マスクについて、どうしても声が大きくなり、のどを痛めてしまうということがあげられていました。保育者が大声を出さなくても聞こえる距離で伝えるということや、必要に応じて絵カードなどの視覚支援教材を導入することで伝わりやすくする工夫が考えられます。

　以上のように、さまざまな感染予防対策や課題があげられた一方で、「楽しく遊ぶことを基本に保育を進める」ということもあげられていたのはとても印象的でした。感染予防にピリピリする状況だからこそ、「楽しく遊ぶ」ことに意識を向け、アイディアを出し合って工夫していくことも大切なのではないでしょうか。

子どもの安心を支えるかかわりは必須

② 食事

■ 感染予防対策

・テーブルには３人、４人までなど人数を限定する。

・食事は、できるだけ離れて対面にならないように座る。

・食事は、なるべく一方向を向いて座る。

・大きな声で話をしないように伝える。

・食事中に「なぜ大きな声で話してはいけないか」を説明する。

・食事中にＢＧＭをかけて静かに耳を澄ませられるようにする。

なるべく対面にならないよう１つのテーブルに座る人数を減らす

食事中にBGMをかけて静かに耳を澄ませられるようにする

・天気や暑さを考慮して園庭で食事をする。

■ **課題・疑問**

・会話を控えるように話すが、会話をしてしまう。楽しくなってくると声も
　大きくなってしまう。

・マスクをして介助をするが、乳児に「もぐもぐ」と言いながら口の動きを
　見せることができず、食べるのを促すのがむずかしい。

　　食事における感染予防対策としては、テーブルに座る人数を少
　なくする、対面にならないようにする、大きな声で話をしないよ
　うに伝えるなどがあげられました。食事中に話をしないように
　「なぜ話してはいけないか」を説明したり、食事中にＢＧＭをか
　けて耳を澄ませられるようにするとの工夫もみられました。しか
　し、楽しくなってくるとつい声が大きくなってしまうとの課題も

天気のよい日は園庭で食べてみる

あげられました。

　人間にとっての食事は、栄養摂取としての意味だけでなく、他の人と一緒に食事を楽しむことで関係性を育む意味もあります。子どもにとって園での食事の時間が、リラックスしておしゃべりしながら食べる時間になっているのは素敵なことです。"一律で・ずっと"おしゃべりを禁止するという対応は行き過ぎかもしれません。少人数にしたり、距離を置いたりという工夫をするとともに、話をするときには大声ではなく普通の声で話すということを伝えるのは食事のマナーとしても大切だと思います。声の大きさに関しても、大きさの違う絵カードを用意して、食事のときの声の大きさを視覚的に伝えるという工夫も考えられるのではないでしょうか。

声の大きさの違いを絵カードを使って伝える

③ 午睡

■ 感染予防対策

・間隔をあけて布団を敷く。

・頭と足を交互にして寝るようにする。

・年長は、午睡なしにしている。

■ 課題・疑問

・間隔をあけようとするとスペースの確保がむずかしい。

・間隔をあけすぎると、午睡チェックがしづらい。

・頭と足を交互にすると、寝相が悪い子どもの毛布が他の子どもの頭にかぶったりして危険ではないか。

■ こんな工夫もしています！

・午睡チェックをスムーズに行うためと避難時の動線を考慮し、ある程度は近づけて寝るようにしている。

避難時の動線を考慮する！

はなす

間隔をあけて布団を敷く

　午睡に関しては、間隔をあけて布団を敷く、頭と足を交互にして寝るようにする、という感染予防対策があげられました。スペースの問題から年長は午睡なしにしているという園もありました。その場合でも、午睡が必要な子どもは寝かせたり、休息の時間をとったりしているようです。

　一方で、課題として、スペースの確保のむずかしさや、午睡チェックのしにくさがあげられました。**頭と足を交互にすることで、毛布が他の子どもの頭にかぶる危険性についても指摘されました**。感染予防対策は、子どもの健康を守るための対策なので、それによって子どもの命が危険にさらされるようでは本末転倒です。寝相が悪い子どもは少し離れた場所に寝かせたり、頭をそろえて寝ることにして、鼻水などが出る子がいたら少し離れた場所に寝かせるなど、**子どもの命にかかわる危険を防ぐことを優先するべきではないでしょうか**。

毛布が隣の子の頭にかからないように注意！

頭と足を交互にして寝るようにする

④ 着替え・清潔・排泄

■ 感染予防対策

・食前に手洗い・うがいを確認する。

・手洗い時にペーパータオルを使用する。

・個人コップなどは共用トレーに置かない。

・排便援助時はマスク・エプロン・手袋着用、便座消毒を行う。

・着替えは、間隔をあけて椅子を置き、そこで着替えをするようにする。

・手洗いのために並ぶ場所にビニールテープをつけ間隔をとれるようにする。

・椅子や床にマークをつけて社会的距離を保てるようにしている。

■ 課題・疑問

・乳児は、こまめな手洗いがむずかしい。

・マスクをしながらのシャワー援助が暑くて大変。

・子どもの列が長くなりすぎる。避難訓練のときにも困る。

■ こんな工夫もしています！

・並んでいるところに動物の足跡をつけ、「何の動物の足跡か」クイズをして

食前に手洗い・うがいを確認
ペーパータオルを使用

着替えのベンチ
間隔をあけて

いる。並んで待つときにも楽しめるようにする。

　　着替え・清潔・排泄にかかわる感染予防対策として、普段以上
　に清潔に配慮した対応がありました。距離をとれるようにするた
　めの印として動物の足跡をつけ、クイズをして**並んで待つときに
　も楽しめるようにする**という工夫もありました。子どもたちのこ
　とを思う保育者の方々の思いが伝わる対応だと思いました。
　　一方、課題としては、乳児は、こまめな手洗いがむずかしいこ
　と、マスクをしながらのシャワー援助が暑くて大変なことがあげ
　られました。また、社会的距離をとると、どうしても子どもの列
　が長くなり、避難訓練のときに困るのではないかという心配もあ
　りました。**子どもの命を守るための対応として何が優先されるか
　を吟味する**必要があると思います。避難時に列が長すぎれば、子
　どもの命の危険に直結します。避難訓練においては、社会的距離
　よりも、実際の避難時を想定した訓練が求められると思います。

社会的距離を保つマークにもひと工夫

4）職員の感染予防・課題

■ 感染予防対策

・職員は全員午前と午後に１回ずつ検温をする。

・15分刻みで交代しながら休憩をとり、休憩室が密にならないようにする。

・職員の休憩室テーブルに透明ガードを設置している。

■ 課題・疑問

・消毒が多いので手荒れがひどい。

・職員が食事をとる間はマスクを外す。時間をずらして少人数にするなどの
　工夫が必要か。

・満員電車ではコロナに感染しないのか。

・自分が子どもにうつさないか不安である。

・自分が感染したらどうしようという不安がある。

午前と午後に検温　　　　　　　ストレスや不安を一人で抱えない

・精神的な不安や消耗がある。外出もままならないため、連休中につらく
　なってしまった。

　　職員が午後にも検温をして体調管理をしたり、15分刻みで交代
　しながら休憩をとるといった感染予防対策があげられました。一
　方、課題については、消毒が多いので手荒れがひどいことや、職
　員の食事のときの感染予防対策をどうするか、自分が感染して子
　どもにうつさないか等の不安があげられました。精神的な不安や
　消耗があり、休みの日でも外出もままならないため、一人暮らし
　の職員が連休中につらくなってしまったとの声もありました。
　　**制限の多い保育をしながら、それに加えて消毒の作業もあり、休
　憩室が密にならないために休憩も十分にとれないという中で消耗
　し、自分が感染しないかという不安もあるという状況で職員のスト
　レスが高まっている**ことがわかります。ストレスの高い状態で、
　休日にもリフレッシュできず、精神的に追いつめられる職員がい
　ても不思議ではありません。負担の大きさから離職につながって
　しまう可能性も考えられます。**職員が、不安を話して聴いても
　らったり、同じような不安を抱えていることを共有できると、少
　しホッとできるかもしれません。園で対応できる範囲をこえて落
　ち込む職員が出てきた場合は、自治体に相談してください。**自治
　体に園や保育者が相談できる窓口の設置も求められると思い
　ます。

まとめ──自園にふさわしい感染予防と保育とのバランスをさぐる

　以上に、東京都内のある区の公立保育園の感染予防対策の実態、課題や
工夫としてあげられた内容を整理しました。

　冒頭にも述べたように、保育現場で感染予防対策に真剣に取り組まれて
いることにとても感銘を受けました。一方で、乳幼児に対して社会的距離
を徹底することのむずかしさがあること、子どもの育ちを支える活動がで
きているのかという心配や葛藤を抱えていることもわかりました。感染予
防対策と子どもの育ちに真摯に向き合おうとすればするほど、その葛藤は
大きくなり、どこまでやればいいのか、いつまで続くのかという先の見通
しが持てない中で疲弊している状況もうかがわれました。

　現在のところ、感染予防対策によって完全に感染リスクをゼロにするこ
とは不可能だと思います。現状で社会生活を送る中では、どこでだれが感
染しても不思議ではありません。報道されているように、無症状で感染に
気づかないことも稀ではないようです。一方で、感染予防対策をすればす
るほど子どもの活動は管理・制限され、保育者の疲弊も増していきます。
感染予防対策が必要とされる状況が長期化すれば、子どもの育ちが阻害さ
れるリスクも考えられることです。

　どこまでやっても感染リスクがゼロにならない以上は、**完璧な感染予防
を目指すのではなく、感染予防対策と、子どもの安心と育ちを支える保育と
のバランスをどこかに見つけなくてはならない**と思います。そのバランス
とはどこなのか。「ここまでやればよい、ここからはやらなくてよい」と
いうこたえをだれかが出してくれたらいいのにというのが正直なところで
しょう。しかし、**「どの園にでも当てはまる正しいこたえはない」**というの

が現実だと思います。それは、ウイルスのことがまだよくわかっていないということもありますし、園の状況がそれぞれなので個々の状況に応じた対応が必要だということでもあります。

　とはいえ、各園でそのバランスを検討する際には、ここであげられていることを参考にしたり、地域の園で対応を共有して参考にすることはできると思います。制限がある中でも、子どもたちが安心して楽しく園生活を送れるように、普段の状況で保育を考えるときと同じように頭をやわらかくしてアイディアを出し合ってみてください。先にも述べたように「楽しく遊ぶことを基本に保育を進める」ということもあげられていたことはとても印象的でした。今一度、これまで何を大切に保育をしてきたのかをふり返り、この状況において大切にできることは何かを考えてみてください。すでにアイディアを出して取り組まれていることもたくさんあると思います。それを園内や地域内で共有するなど、みんなで知恵を出し合ってこの状況を乗り越えていければと思います。

　さらに、**各園で試行錯誤しながら取り組んでいる感染予防対策について、何をしたか、どのような課題が生じたかなどを記録にとっておくことも大事**だと思います。記録にとることで、よりよい感染予防対策のあり方を検討できます。また、今後、対策を行ううえでの人的・物的条件の改善や、必要な行政のサポート等を要望していくうえで、重要な根拠になると考えられます。

東京大学大学院教育学研究科附属発達保育実践政策学センター（Cedep）では、新型コロナウイルス関連の調査を実施し、報告書にまとめております。参考情報としてよろしければご覧ください。
http://www.cedep.p.u-tokyo.ac.jp/projects_ongoing/covid-19study/

2　コロナ禍での保育を支える職場づくり

——園内で取り組めるワークと共有しておきたい視点

新型コロナウイルス感染症への対応が長期化する中、不安や不調を抱えたまま個々でがんばるには限界があります。園全体の「保育力＝チーム力」がどうしても必要です。ここでは「人間関係」と「対話」にしぼって、チーム力の土台を築いていくためのワークと、新型コロナの影響で新たなやり方が求められる際に園内で共有しておきたい視点や話し合いの流れを紹介します。(新保庄三)

1)「保育力＝チーム力」の土台を築くワーク

① 毎日続けてみよう

・１つでも、２つでも、できるなら３つを

・まずは３週間、次に３ヵ月継続して、チームの力にする

・弱音がはける場所をつくる(相談室を設ける・ワークに取り組む→次ページへ)

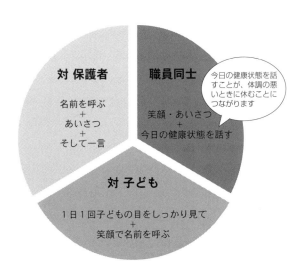

対 保護者
名前を呼ぶ
＋
あいさつ
＋
そして一言

職員同士
笑顔・あいさつ
＋
今日の健康状態を話す

今日の健康状態を話すことが、体調の悪いときに休むことにつながります

対 子ども
１日１回子どもの目をしっかり見て
＋
笑顔で名前を呼ぶ

② 弱音をはける職場づくり——対話で心のケア

回転式おしゃべり （１グループ５〜６人　所要時間：約15分）

❶ 司会者が「今、コロナで不安なことはありませんか？」などテーマを設定する。
❷ 図のように椅子を並べ、向かい合った人とテーマについておしゃべりする。
　（約３分）

> マスクやフェイスシールドを着用したり、席の間隔をあけるなど、３密に気をつけて行ってください。向かい合わせではなく、隣同士で話すなどの工夫もよい。

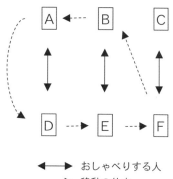

❸ ３分経ったら席を移動。
　（または、席ごと移動）
❹ ❷❸をくり返して、全員とおしゃべりしたら終了。

→　おしゃべりする人
···▶　移動の仕方

失敗を語る （１グループ４〜６人　所要時間：約15分〜20分）

❶ 各自、日常の失敗をふり返る。（約１分）
❷ グループ内の年長者から順に日常の失敗談を話す。（１人約１分半）
❸ 全員が話し終えたら、今度は仕事での失敗について各自ふり返る。
❹ ❷と同様、年長者から話す。司会者は、うまく話せない人はパスしてもOKと伝えておく。

> ・回転式おしゃべりと同様、マスクやフェイスシールドを着用したり、席の間隔をあけるなど、３密に気をつけて行ってください。
> ・失敗談は深刻なものではなく、笑えるくらいの内容にします。
> ・経験の浅い職員が多かったり、まだあまりコミュニケーションのとれていないメンバーだったりする場合は、❷の日常の失敗談だけで終了してもいいでしょう。

2）新たなやり方が求められたとき——「行事をどうする？」を例に

① 早く決めるより柔軟さが大事

> 保育現場はできるだけ行事の計画を早め早めに決めたいと
> 思っています。でも今は平時ではなく非常時。
> 例年通りのテンポで決めることができないこともあります。

> どちらに決めても保護者から批判が出ます。

> 新型コロナウイルスの感染状況を見ながら、
> 一つひとつの行事を丁寧に決めていく柔軟さが大事です。

行事を実施するか、
中止にするかを考える。

見通しは３ヵ月先まで

３ヵ月以上先の行事
について保護者から
聞かれたら、「今検討
中です」とこたえる

決定（発表）は１ヵ月ごと。
行事を行うかどうかは１ヵ月前に決めて、
保護者に伝える。

② やる（○）やらない（×）ではなく、△を考える

A案（行事をやる）

マイナス点	プラス点

B案（行事を中止する）

マイナス点	プラス点

C案 子どもの発達を考えて、A案でもありB案でもある、あるいはA案でもなくてB案でもない、C案を考える。

> 必ずA案とB案を出してから検討する

例）お楽しみ会

A案（従来通りやる）

マイナス点	プラス点
３密が防げない　など	卒園したお兄ちゃんと弟が同じ経験ができる　など

B案（中止する）

マイナス点	プラス点
年長さんが楽しみにしているのにできない　など	３密を防げる　など

C案

① １クラスごとに、入れ替える。
② 保護者は参加せず、ビデオで見られるようにする。
③ ○○○○○○（園によって他の方法もあるでしょう）　など

・保育園の規模、環境、地域の感染状況などで、A案B案C案は変化します。自分の保育園はどうなるか検討をしましょう。
・年長児の行事については、卒園までしか保育園にいられないことを考慮して、他の年齢の子どもたちが多少不公平になっても、なんらかの形で行事ができるように考えられるといいでしょう。

「こわい！……」のその先へ

　「ダイヤモンド・プリンセス号」から突然はじまった見えない敵とのた
たかい。多くの人々がこんなに自分のすぐそばまで忍び寄ってくるとは思
わなかったのではないでしょうか。何より、乳幼児の生活の場であり、安
心できる居場所でもある園に、自分が感染してウイルスを持ち込むこと
や、園内で感染者が出てしまったら……と考えると、どうしようもなく不
安になった保育者は少なくないと思います。

　さらに、危機管理を問われる園長ともなれば、今行っている対応は万全
なのか？　もしものとき、適切に判断できるのだろうか？　と自問自答
し、誤った対応をしてしまうことのこわさと日々たたかっていることと思
います。何しろ、だれもそのこたえを持っていないのです。それでも園に
子どもたちがいるかぎり、こたえを見つけていかなくてはなりません。

　保育現場で感染者が出たという報道を見聞きすると、「現場はどうして
いるんだろう？」と知りたくなりますが、なかなか生の情報は届きませ
ん。この本の中にはリアルな体験とともに、どのような感情が生まれてい
き、どのように混乱していくのか、そしてどのように収束していき、どの
ような課題も見えてくるのかが時間の経過とともに記録されています。心
臓の鼓動まで伝わってくるようです。本当に知りたいのはこういったこと
ではないでしょうか。単なる体験談ではなく、おさえておくべきポイント
も整理されているので、自園に置き換えて考えることができます。

　当初、「正しくこわがっていきましょう！」という言葉をよく耳にしま
した。が、何が正しいかをだれも言わなくなりました。それであれば、事
例から学んでいくことが今は最善の方法ではないでしょうか。園長や現場
の保育者が一緒になって、ここに紹介された事例に学んだり、新たな事例
を出し合ったりし、「ここが大事なのか」「こうすればいいね」「ここは課

題だね」などと話してみることが必要なのだと思います。そうやって「こわい」だけの今を少し前に進めていきませんか。きっと、新型コロナウイルスに対しても、つきあっていく道が見つかると信じて。

寺岡康子（東京・葛飾区細田保育園園長）

子どもに悪影響を与えずに保育を継続していくために

　新型コロナウイルス感染症の収束が見通せない中、保育園では現在、マスク着用、園内の消毒・衛生の徹底や３密の回避など、感染防止につとめているところです。しかし、職員がマスクを着用していることで顔全体の表情が見えず、子どもに何かを伝えるとき理解しづらいのではないか、いつも笑顔の職員に安心感を持っていた子どもたちが、表情がはっきりとわからないことで違和感を感じていないかなど、マスク着用一つとっても課題があります。３密の回避についても、子どもとの大切なスキンシップやコミュニケーションをとることとの両立は困難だと感じております。

　とはいえ、保育は毎日行われています。課題や困難はあっても、子どもや保護者に対し、今は何をどう取り組むとよいかと考え、奮闘している職員には頭が下がります。不安からストレスをためこみ疲弊しないようフォローしたいと思っております。

　そんな中、本書は、他園の体験や試行錯誤が具体的に記されていて大変参考になりました。もしものときにこの本が手元にあると、とても安心です。保護者対応では情報発信も大切だが気持ちを聴くことが大事であること、子どもたちに対してコロナにふれないでおくよりも、子どもたちと共有することでみんなが気をつけていくという意識が根づいたこと……。他にもたくさんの学びがありました。私たち保育者は、感染防止につとめつつも、どうすれば子どもに悪い影響を与えず保育を継続できるかを考えることが必須だと改めて思いました。

生方美恵子（東京・大田区馬込保育園園長）

70

おわりに

　新型コロナウイルス感染症の社会への影響は、いまだ収束の見通しが立っていません。しばらくは感染予防対策をしながらの生活が続くでしょう。保育現場では、感染リスクへの不安を抱えつつ、子どもの育ちへの心配を抱えながら保育をしておられます。その中での苦悩や不安、混乱についてさまざまな声をうかがいました。保育現場に対して、少しでもサポートになることは何かを検討し、実現したのが本書です。

　本書の執筆にあたっては、複数の園の先生方に、関係者の感染が判明した経験のお話や、感染予防対策のお話をうかがいました。それらのお話からこの未曽有の事態を乗り越えていくために重要だと考えたのは、以下の点です。

　一つは、園の関係者に新型コロナウイルス感染症の罹患が判明した場合の対応について、事前に考えておくということです。完璧な感染予防をしたうえでの保育は不可能であり、どんなに気をつけていても感染リスクはゼロにはなりません。それを覚悟して引き受け、「園の関係者の感染が判明したときにどうするか」を検討し、共有しておくことが必要だと思います。

　もう一つは、新型コロナウイルス感染症予防対策をしながら保育を行う際の方針や具体的方策について、関係者間で共有しておくことです。完璧な感染予防があり得ない以上、何をどこまでやるかについて関係者が共通理解をもっていないと、不満や不信が生まれてしまいます。自園の対応について、職員や保護者とこまめに情報共有するとともに、自治体や地域とも連携することが必要だと思います。

　本書では、どの園にもあてはまる正しい「こたえ」を提示することはできませんが、みなさんが自園で検討する際の手がかりとして、お役に立てていただけましたら幸いです。最後になりましたが、貴重なお話を共有してくださったみなさまに心よりお礼申し上げます。

野澤祥子

一般社団法人 日本保育者支援協会 は、保育現場を応援する団体 です

　当協会は、都内の公立保育園で死亡事故が起きたときに、当時の有限会社子育て支援研究センター（子ども総合研究所グループ）とNPO法人東京都公立保育園研究会との協議でつくった「ほほえみ共済」が母体になって誕生した組織です。

　保育園・幼稚園・自治体だけでなく保育者個人が責任を問われる時代になりました。当協会は、保育施設で働いている保育者のための損害賠償保険制度・トラブル相談など、保育者個人をサポート。

　現在は、有限会社から一般社団法人に法人変更し、非営利事業として、子ども総合研究所グループの一つとして活動しています。保育者個人だけではなく、どうしたら保育現場を応援できるか。自治体および社会福祉法人とも提携して、危機管理・保護者対応・職場の人間関係などを三つの柱に、保育巡回アドバイザー（保育園の退職者をスタッフとして）派遣を行ってきました。

> ●2020年4月現在、契約している自治体
> 　武蔵野市・千代田区・墨田区・渋谷区・港区・中央区
>
> ●園長研修などの講師を派遣している自治体
> 　大田区・三鷹市、など

　2年前から経験豊かな退職保育士のスタッフが、一人ではなくチームとして対応するシステムを創り、保育の研究者の協力を得て、保育の質と職場の人間関係のためのアクションリサーチの活動を開始しました。現在はさらにNPO法人（保育園退職者の会）を創る準備をしています。

　コロナ禍のこれから、当協会は、保育者個人や自治体だけでなく、関係する保育団体またはあらゆる法人とも協力・提携していくことが課題であると考えています。今までの経験を活かして、さらなる現場への支援をすすめていく決意です。ご意見をお聞かせください。

〒102-0071 東京都千代田区富士見1-11-13-101
TEL　03-3221-0221／FAX　03-5275-9098
E-MAIL　kosodate0221@abeam.ocn.ne.jp

参考文献

園力アップSeries 2 『保育力はチーム力——同僚性を高めるワークとトレーニング』
（ひとなる書房、2017年）

編著者

新保 庄三（しんぽ しょうぞう）

一般社団法人日本保育者支援協会顧問。子ども総合研究所代表。社会福祉法人土の根会理事長。ＮＰＯ法人東京都公立保育園研究会顧問。武蔵野市保育総合アドバイザー他、各地自治体で保育アドバイザーとして、研修・相談活動に従事。共編著に『保護者支援・対応のワークとトレーニング』『保育力はチーム力』『重大事故を防ぐ園づくり』（ひとなる書房）他。

野澤 祥子（のざわ さちこ）

東京大学大学院教育学研究科附属発達保育実践政策学センター准教授。内閣府「子ども子育て会議」委員、厚生労働省「保育所等における保育の質の確保・向上に関する検討会」委員。専攻は発達心理学・保育学。著書に『歩行開始期の仲間関係における自己主張の発達過程に関する研究』（風間書房、単著）、『園づくりのことば：保育をつなぐミドルリーダーの秘訣』（丸善出版、分担執筆）他。

編集協力：栃倉朱実・鈴木千佳子
本文イラスト：かまたいくよ　　**装幀**：山田道弘　　**カバー装画**：おのでらえいこ

自園で新型コロナウイルスの感染者が出たとき
事例に学ぶ　保育園・幼稚園・こども園で
すぐにすること・日頃から備えておくこと

2020年10月10日　初版発行
2021年 2 月20日　三刷発行

編著者　新保 庄三・野澤 祥子
発行所　一般社団法人 日本保育者支援協会
　　　　〒102-0071 東京都千代田区富士見1-11-13-101
　　　　TEL　03-3221-0221／FAX　03-5275-9098
発売元　㈱ひとなる書房
　　　　〒113-0033　東京都文京区本郷2-17-13
　　　　TEL　03-3811-1372／FAX　03-3811-1383
　　　　Email　hitonaru@alles.or.jp